Gabriele Reher

Girlanden
für
Kinderfeste

CHRISTOPHORUS

BRUNNEN-REIHE

SEIT MEHR ALS 30 JAHREN STEHT
DER NAME „CHRISTOPHORUS" FÜR
KREATIVES UND KÜNSTLERISCHES
GESTALTEN IN FREIZEIT UND BERUF.
GENAUSO WIE DIESER BAND
DER BRUNNEN-REIHE IST JEDES
CHRISTOPHORUS-BUCH MIT
VIEL SORGFALT ERARBEITET: DAMIT
SIE SPASS UND ERFOLG BEIM
GESTALTEN HABEN – UND FREUDE
AN SCHÖNEN ERGEBNISSEN.

© 1996 Christophorus-Verlag GmbH
Freiburg im Breisgau

Alle Rechte vorbehalten
Printed in Germany

ISBN 3-419-55800-7
2. Auflage 1996

Jede gewerbliche Nutzung der Arbeiten und
Entwürfe ist nur mit Genehmigung der
Urheberin und des Verlages gestattet. Bei
Anwendung im Unterricht und in Kursen
ist auf dieses Buch hinzuweisen.

Lektorat: Maria Möllenkamp, Freiburg
Umschlaggestaltung: Network!, München
Titelfoto: Christoph Schmotz, Freiburg
Fotos: Peter Nielsen, Umkirch
Reinzeichnungen: Uwe Stohrer, Norsingen
Produktion: Print Production, Umkirch
Druck: Freiburger Graphische Betriebe 1996

CHRISTOPHORUS
BÜCHER MIT IDEEN

Inhalt

Girlanden für Kinderfeste

Das ganze Jahr hindurch werden allerlei schöne Feste gefeiert. Ob die Anlässe ein Geburtstag, die Freude über den Schnee im Januar, Ostern oder die Obsternte im Spätsommer sind: Eine Dekoration gehört nun mal zu einem Fest dazu und verwandelt diesen Tag in einen ganz besonderen.
Hier werden Ihnen für jede festliche Gelegenheit hübsche, lustige Girlanden gezeigt, die leicht zu basteln sind. Alle Muster und Motive finden Sie auf dem Vorlagenbogen. Ausschneiden, Falten und Kleben sind einfache Techniken, die Kinder schon im Kindergarten erlernen können und schnell beherrschen. Die meisten Girlanden sind aus Teilen zusammengesetzt, von denen jedes Kind eines herstellen kann. So

erleben sie, wie aus vielen, schönen Einzelstücken ein schönes Ganzes entsteht.
Da die Techniken leicht zu handhaben sind, werden Sie sicherlich nach den Anregungen in diesem Buch die eine oder andere Girlande nach eigener Phantasie herstellen.
Dann also viel Freude beim Girlandenbasteln und viel Spaß bei fröhlichen Festen!

Die Technik

Hilfsmittel
- scharfe Schere
- spitze Schere
- Cutter (Schnei-
  demesser mit
  Extraklinge)
- Cutter-Schnei-
  deunterlage
  (feste Pappe
  oder mehrere
  Lagen Zeitungs-
  oder Illustrier-
  tenpapier)
- Zirkel
- Locher
- transparentes
  Plastiklineal
- Bleistift
- Radiergummi
- Spitzer
- farbige Stifte
- Klebestift
- Alleskleber
- Klebefilm
- Kohle- oder
  Schneiderko-
  pierpapier
- lange, dünne
  Nadel
- Zahnstocher

Die meisten der waagerecht hängenden Girlanden können beliebig verlängert werden. Dazu sollten bei den Modellen immer kleine Stücke zum Ansetzen mitgeplant werden. Sehr lange Girlanden eventuell mit einem Zusatzfaden, nach oben befestigt, stabilisieren oder mit Klebestreifen auf der Wand stellenweise festkleben. Senkrechte Girlanden hängen im Winter besonders gut über der Heizung - hier drehen sie sich durch die Wärme -, im Sommer sorgt ein Luftzug für Bewegung.

Das Material

Alle verwendeten Papiere und anderen Materialien und Hilfsmittel erhalten Sie in Papier-, Schreibwaren- und Bastelgeschäften oder in Kaufhäusern. Reststücke sollten Sie nicht gleich wegwerfen, denn oft sind sie für kleinere Dekorationen gut zu verwenden.

Weiteres Material

Bunt- oder Glanzpapier; farbiger Fotokarton (fest); farbiges Tonpapier (weich); Leuchttonpapier; Lackkarton (fest, glänzend); Regenbogen-Buntpapier; Regenbogen-Tonpapier; farbiges Transparentpapier; Zeichenpapier; Scherenschnittpapier; Geschenkpapier; Metallpapier; bunte und graue Wellpappe; Kreppapier; Nylonfaden; dünner, fester Bindfaden; Zwirn; Goldkordel; Dekoband; Plastik-/Strohhalme; Briefklammern

Das Schneiden des Papiers

Umrißlinien und gerade Linien werden am besten mit der Schere geschnitten, starke Rundungen oder Ausschnitte mit dem Cutter (Achtung: Der Cutter ist für Kinder gefährlich!). Bei dünnem Papier können mehrere Lagen gleichzeitig geschnitten werden. Aus starkem Papier sollten Sie die Motive einzeln nacheinander ausschneiden.

Schneeglöckchen

Das Übertragen der Vorlagen

Zum Übertragen der Vorlagen vom Vorlagenbogen können Sie Kohle- oder Schneiderkopierpapier verwenden: Zuunterst legen Sie das Papier, aus dem die Girlande hergestellt werden soll, oder Pappe, darüber das Pauspapier und oben drauf den Vorlagenbogen. Mit etwas Druck können Sie nun das Muster durchzeichnen. Die Pappe verwenden Sie als Schablone, wenn Sie mehrere Teile arbeiten müssen.

Der Klebstoff

Der Klebstoff wird nach der verwendeten Papiersorte ausgewählt: Bei leichten Papieren reicht Klebestift aus, Karton, Glanz- und Metallpapiere kleben besser mit Alleskleber.

Abbildung Seite 7

❶ Die Vorlage auf Pappe übertragen und ausschneiden.

❷ In der Länge des Kartons einen 13,5 cm breiten Streifen schneiden und diesen in 5 cm Breite wie eine Ziehharmonika falten. Eventuell Reststücke zum Ansetzen weiterer Streifen lassen.

❸ Das Motiv mit der Pappschablone auf den gefalteten Streifen übertragen, wobei die gestrichelte Linie auf den geschlossenen Kanten liegt.

❹ Entlang der durchgängig gezeichneten Linien das Motiv ausschneiden. Bei festem Karton die Motive einzeln ausschneiden (Sonst geht es zu schwer). Die Girlande auseinanderziehen, Blütenblätter ausklappen.

Vorlage A

Material

◆ Weißer Zeichen- oder Tonkarton
◆ dünner Nylonfaden

Spiralen

V o r l a g e   B

M a t e r i a l
◆ **Fotokarton**
◆ **Plastikstroh-**
   halme
◆ **fester Faden**

❶ Die Vorlage auf den Fotokarton übertragen (vgl. Seite 5) und ausschneiden. Die zwei Spiralenteile zusammenkleben.

❷ Die Stohhalme - je nach gewünschter Länge ca. 2 bis 4 cm - in gleich große Stücke schneiden .

❸ Den Faden an einem kleinen Halmstück festknoten, mit einer dünnen Nadel die Halmstücke jeweils in der Mitte Stück für Stück auf den Faden ziehen bis die gewünschte Länge erreicht ist.

❹ Den Faden durch die Spiralenmitte ziehen, an einem weiteren Halmstückchen verknoten und den Restfaden zum Aufhängen verwenden.

❺ Beim Aufhängen öffnen sich die Spiralen nach unten.

Spiralenschneemann

① Die Vorlagen übertragen (vgl. Seite 5) und auschneiden, die Spiralen zusammenkleben.

② Den Strohhalm auf 12 cm kürzen. Den Faden an ein zusätzliches Strohhalmstückchen knüpfen, diesen dann durch das untere Spiralenende, den Halm, das obere Spiralenende führen. Den Faden festnähen, unsichtbar verknoten.

③ Die Kopf- und Hutteile zusammensetzen, Vorder- und Hinterteil gegeneinander kleben, dabei den Aufhängefaden zwischenlegen. Das Gesicht mit Augen, Nase und Mund versehen (mit Papier oder gemalt) und den Hut verzieren.

④ Einen Schlitz in das obere Spiralenende schneiden, den Kopf hindurchstecken, die zwei Laschen auseinanderklappen und festkleben.

Die Anleitung für die Schneeglöckchen finden Sie auf Seite 5!

Vorlagen
B und C

Material
◆ weißer Fotokarton
◆ Bunt- oder Tonpapier
◆ Plastikstrohhalm
◆ fester Faden

7

Schneemänner

Vorlagen
D1 - D7

Material

◆ weißer und
   bunter Foto-
   karton
◆ Buntpapier-
   Reste

❶ Das Körperteil (D1) auf den weißen Fotokarton übertragen (vgl. Seite 5) und an den durchgängigen Linien ausschneiden.

❷ Kopf, Hut, usw. (D2 bis D7) von der Vorlage übertragen, ausschneiden und aufkleben.

❸ Armteile an den gestrichelten Linien kniffen und drehen, den Arm (siehe Pfeil) durchschneiden, einen weiteren Schneemann einhängen, dann den Besen so aufkleben, daß der Arm wieder geschlossen ist. Rechts und links zum Aufhängen Bindefaden anknüpfen.

Clowns

Vorlagen
E1 – E11

Material

◆ Fotokarton und
   Tonpapier in
   verschiedenen
   Farben
◆ Briefklammern
◆ Bindfaden

❶ Den Clownskörper E1 auf Fotokarton, alle weiteren Teile (E2-E11) auf farblich passendes Tonpapier übertragen (vgl. Seite 5) und ausschneiden.

❷ Alle Teile zusammenkleben und das Gesicht aufmalen.

❸ In die Hände mit einer spitzen Schere Löcher bohren und die Clowns mit den Briefklammern aneinanderhängen.

❹ An die Hände der Endclowns jeweils ein Stück Bindfaden zum Aufhängen der Girlande befestigen.

Masken

❶ Regenbogen-Tonpapier in 10 x 14 cm große Stücke schneiden und in der Länge falten.

❷ Dann die Maskenform am Bruch auf das Papier legen, aufpausen (vgl. Seite 5) und ausschneiden.

❸ An den markierten Stellen rechts und links mit einer spitzen Schere kleine Löcher stechen und die Masken mit den Briefklammern zu einer bunten Girlande zusammen-setzen. Einschnitte ausklappen.

❹ An den Briefklammern der End-masken Perlonband zum Aufhängen befestigen.

Vorlagen
FI – F3

Material
◆ Regenbogen-Tonpapier
◆ Briefklammern
◆ dünnes Nylon-band

9

Vierecke

Abbildung Seite 13

Material
- **Regenbogen-Buntpapier**
- **Klebstoff**
- **Nylonfaden**

1 Ca. 15 x 15 cm große Quadrate aus Regenbogenpapier ausschneiden.

2 Die Quadrate falten: halbieren, vierteln und dieses Quadrat zur spitzen Tüte legen.

3 Wie auf der Zeichnung angegeben mit der Schere Einschnitte machen, einmal von einer, dann von der anderen Seite, jeweils an den Seiten mit den geschlossenen Faltkanten.

4 Das Quadrat vorsichtig auseinanderfalten. Ein weiteres ebenso gearbeitetes Quadrat am Rand mit Klebstoff bestreichen und auf das erste kleben.

5 Alle Doppelquadrate in der Mitte aneinanderkleben. Eventuell zur Verstärkung durch die Quadratmitten einen Nylonfaden in der Länge der ausgezogenen Girlande ziehen.

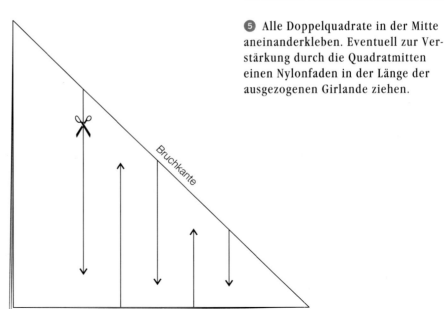

Bruchkante

Bruchkanten

Blüten

Abbildung Seite 13

1 Quadrate (13 x 13 cm, bzw. 20 x 20 cm) zuschneiden und falten: halbieren, vierteln und zur Spitze legen und wie auf der Zeichnung gezeigt schneiden. Die Blüten auseinanderfalten und ausziehen.

2 Eine Perle an einem Faden verknoten, eine Blüte auffädeln. Eine weitere Perle mit Abstand am Faden verknoten, die nächste Blume auffädeln. Auf diese Weise 3 große und 3 kleine Blüten übereinandersetzen.

Material
- ◆ Regenbogen-Tonpapier
- ◆ kleine Perlen
- ◆ Nylonfaden

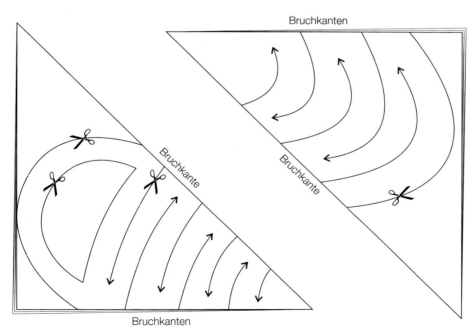

Bruchkanten

Bruchkante

Bruchkante

Bruchkanten

Bunte Bälle

❶ Ca. 11,5 x 11,5 cm große Quadrate schneiden.

❷ Alle weiteren Arbeitsschritte sind identisch mit denen für die Viereksgirlande, die auf Seite 10 beschrieben ist.

Die Anleitung für die Viereck- und für die Blütengirlande finden Sie auf Seite 10/11!

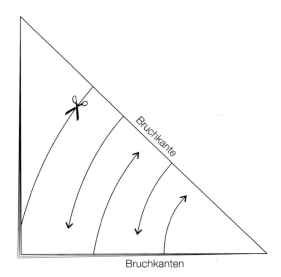

Bruchkante

Bruchkanten

12

M a t e r i a l

◆ **Transparent-
   papier**
◆ **Klebstoff**
◆ **Nylonfaden**

Häschen und Hähne

Häschen

❶ Für 4 zusammenhängende Häschen einen Streifen in 21 x 60 cm Größe aus gelbem Fotokarton ausschneiden, der Länge nach 15 cm breit zur Ziehharmonika falten.

❷ Den Häschenkörper G1 so auf den gefalteten Fotokarton übertragen (vgl. Seite 5), daß die Pfoten an die Bruchkanten rechts und links stoßen, jeweils zwei Häschen gleichzeitig ausschneiden (mehr geht zu schwer).

❸ Beinteil mit Schwänzchen G2 ebenfalls auf gelben Fotokarton übertragen und ausschneiden.

❹ Alle übrigen Teile auf farblich passendes Buntpapier übertragen, ausschneiden und entsprechend aufkleben. Das Gesicht mit Filzstiftstrichen vervollständigen.

❺ Das Hemd aus einem 5 x 10 cm großen Stück Papier falten: Das Papier vierteln, dann die äußeren Viertel nach innen falten und schräg nach außen als Dreieck ausklappen.

❻ Beinteile anstecken und die zwei äußeren Häschen zusammenkleben, so daß ein Kreis entsteht.

Wenn Sie mögen, können Sie noch kleine Kiepen (G10) herstellen. Diese können mit Knabberzeug gefüllt werden.

Hähne

❶ Aus dem Fotokarton in der Länge einen Streifen von 11 cm abschneiden und 11 cm breit zur Ziehharmonika falten.

❷ Das Motiv des Hahnenkörpers auf den gefalteten Streifen aufzeichnen (vgl. Seite 5), dabei liegen die gestrichelten Linien rechts und links am Bruch, dann ausschneiden.

❸ Flügel, Kamm, Schnabel (H2-H5) ausschneiden. Kamm, Schnabel und Flügel H4 aufkleben, Augen und Pünktchen mit Filzstift aufmalen. Die Schwanfedern H5 einstecken, in die äußeren Hähne mit einer spitzen Schere ein kleines Loch stechen, Nylonfaden anknoten und die Girlande aufhängen.

Erdbeeren

Material
◆ **Tonkarton in Rot, Dunkel-grün, Hellgrün**
◆ **weiße Locher-punkte**

❶ Ein 50 x 50 cm großes Stück rotes Tonpapier falten: zunächst halbieren und dann vierteln. Dieses Quadrat zu einem Dreieck legen, sodaß die langen Seiten geschlossen sind.

❷ Nach der Vorlage eine Schablone herstellen (vgl. Seite 5) und diese auf das gefaltete Dreieck legen, dabei liegen die gestrichelten Linien an den Kanten.

❸ Die Form mit Bleistift aufzeichnen, ausschneiden, auffalten und glattstrei-chen.

❹ Blätter nach den Vorlagen I2 und I3 ausschneiden und aufkleben. Ebenso die weißen Locherpunkte.

Käfer

❶ Einen 10 cm breiten Streifen längs vom Tonpapierbogen abschneiden und 10 cm breit wie eine Ziehharmonika falten und die Vorlage des Käferkörpers J1 übertragen (vgl. Seite 5), so daß die gestrichelten Linien rechts und links auf dem Bruch liegen, ausschneiden.

❷ Die Vorlagen J2 (Grün) und J3 (Rot) für Beine und Flügel übertragen und ausschneiden, die Beine unter den Bauch kleben.

❸ Die Flügel in der angegebenen Linie nach oben kniffen, das schmale Mittelstück auf den Körper kleben, die Flügel etwas hochbiegen.

❹ Weiße Punkte ausschneiden, auf die Flügel kleben, die Augen aufmalen oder aufkleben. Band zum Aufhängen anknüpfen.

Vorlagen
J1 – J3

Material
◆ Fotokarton in Grün und Rot
◆ Tonpapier in Schwarz
◆ weißes Zeichen- oder Buntpapier

Bunte Ringe

Material

◆ **Wellpappe in verschiedenen Farben**

◆ **Nylonfaden**

❶ Von der Wellpappe in jeder Farbe 1,5 x 15 cm lange Streifen schneiden. Die "Wellen" laufen senkrecht zur langen Seite, so daß sich die Ringe schön biegen.

❷ Die Ringe passend ineinanderhängen und zusammenkleben.

❸ Die Girlande mit Nylonfaden aufhängen.

18

Bruchkanten

Bruchkante

Lotusblüten

❶ Aus dem Papier 9 x 9 cm große Quadrate schneiden.

❷ Die Quadrate falten: halbieren, vierteln, die Vorlage auf das Papier übertragen (vgl. Seite 5), die gestrichelten Linien liegen an den Bruchkanten, auschneiden.

❸ Nach der Zeichnung einschneiden, auseinanderfalten.

❹ Vom Rand aus gesehen die ersten drei Spitzen nach vorn umbiegen und kniffen. Die vierten Zacken nach hinten klappen, diese vier Spitzen zur Mitte zusammenkleben.

❺ Die einzelnen Blüten aneinanderkleben und auffädeln.

Vorlage K

Material
◆ **Buntpapier in verschiedenen Farben**
◆ **Nylonfaden**

19

Schiffchen

Vorlagen
L1 – L3

Material
- ◆ Wellpappe in verschiedenen Farben
- ◆ Korken
- ◆ Zahnstocher
- ◆ Briefklammern
- ◆ Nylonfaden

❶ Schiffskörper nach der Vorlage L1 gegengleich ausschneiden (vgl. Seite 5), dabei laufen die "Wellen" waagerecht. Die Segel L2 ebenfalls ausschneiden, hier laufen die "Wellen" senkrecht.

❷ Den halbierten Korken an zwei gegenüberliegenden Seiten mit Klebstoff bestreichen, in die Mitte zwischen die Bootsteile kleben.

❸ Oben und unten am Segel einen Zahnstocher einstecken, den unteren in den Korken stecken, an den oberen eine Fahne (L3) anbringen.

❹ In die rechten und linken Bootsseiten mit einer spitzen Schere Löcher stechen und immer zwei Boote mit einer Briefklammer zusammenfügen.

❺ An das erste und letzte Schiff einen Nylonfaden anknoten und die Girlande aufhängen.

Fische

❶ Aus dem Papier 22 x 33 cm große Stücke schneiden, diese in der Länge 11 cm breit wie eine Ziehharmonika falten.

❷ Die Vorlagen übertragen (vgl. Seite 5), dabei liegen Fischmaul und Schwanz (gestrichelte Linie bzw. Bauch und Rücken) jeweils am Bruch.

❸ Mit dem Cutter die Muster schneiden, so daß sie ausgeklappt werden können, dann erst die Konturen ausschneiden.

❹ Die Fische mit Klebefilm oder einem farblich passenden Papierstreifen zusammenkleben und die geschnittenen Streifen herausdrücken. Alle Fische auf einen Nylonfaden gefädelt aufhängen.

Vorlagen
M1 – M4

Material
◆ **Leuchttonpapier**
◆ **Nylonfaden**

Äpfel

Vorlagen
N1- N3

Material
- Tonpapier in Rot, Orange, Grün
- Nähgarn in Orange und Rot

❶ Von der langen Tonpapierseite einen 14 cm breiten Streifen abschneiden und 9 cm breit zur Ziehharmonika falten. Das überstehende Stück für den Ansatz weiterer Äpfel verwenden.

❷ Das Apfelmuster nach der Vorlage übertragen (vgl. Seite 5), dabei liegen die gestrichelten Linien auf den Bruchkanten rechts und links, ausschneiden.

❸ Die Äpfelfächer in Rot oder Orange 3x pro Apfel ausschneiden, über einander auf den Apfel legen, mit Reihstichen festnähen und aufklappen.

❹ Die Blätter ausschneiden und aufkleben. Am ersten und am letzten Apfel einen Nylonfaden zum Aufhängen anknüpfen.

Birnen

Vorlagen
O1- O3

Material
- Lackkarton
- Regenbogen-Buntpapier
- Nylonfaden

❶ und ❷ siehe Äpfel

❸ Aus Regenbogen-Buntpapier Herz und Kerne ausschneiden, aufkleben, die Girlande mit einem Nylonfaden aufhängen.

Körbchen

Material
- ◆ Geschenkpapier
- ◆ Tonpapier- oder Fotokartonreste
- ◆ Nylonfaden

❶ Aus dem Geschenkpapier Quadrate, 16 x 16 cm oder 20 x 20 cm groß, zuschneiden und nach der Zeichnung falten.

❷ Aus Karton eine Bodenfläche (5,5 x 5,5 cm bzw. 7 x 7 cm) zuschneiden und ins Körbchen kleben.

❸ Für die Spitztüten in einer Ecke des Geschenkpapierbogens in 15 bis 20 cm einen Kreisbogen zeichnen, dieses Kreissegment zu einer spitzen Tüten rollen, zusammenkleben. Den Rand 5 cm tief fransig einschneiden, die Fransen nach außen rollen.

❹ Für die Henkel einen Streifen, ca. 2 x 20 cm, aus Tonpapier oder Fotokarton zuschneiden, zur Hälfte falten und ankleben. Bei Geschenkpapier den Streifen doppelt nehmen, sonst ist der Henkel nicht stabil genug.

❺ Für die Aufhängeperlen einen Papierstreifen, 8 x 25 cm, schneiden, ganz fest um einen glatten Stift wickeln, das Ende mit Klebstoff bestreichen und festkleben. Dann den Stift herausziehen.

❻ Einen Nylonfaden durch Perlen und Henkel fädeln, die Girlande aufhängen.

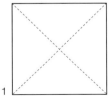
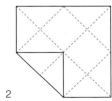
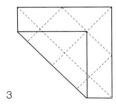
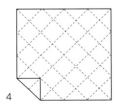

1   2   3   4

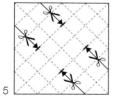
5

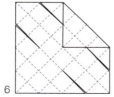
6

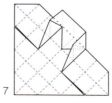
7

8

Kranz

Vorlagen
P1 und P2

Material
◆ Wellpappe
◆ Packpapier
◆ Schleife

❶ Auf der glatten Wellpappenseite mit dem Zirkel von der gleichen Mitte aus zwei Bogen mit ca. 10 cm und 5 cm Radius schlagen. Den Kreisbogen mit glattem Rand oder mit Zacken und Bögen ausschneiden.

❷ Kreise mit abwechselnden Mustern zusammenkleben – die "Wellen" laufen senkrecht – und mit Schleifenband zusammenbinden.

❸ Auf Packpapier Blätter P1, P2 übertragen (vgl. Seite 5).

❹ Das Blatt P1 1 cm breit zur Ziehharmonika falten, an der geraden Kante zusammennehmen, mit einem Faden zusammenheften und das Blatt mit dem Restfaden jeweils oben im Kreis befestigen.

❺ Für Blatt P2 einen Packpapierstreifen von 10 x 17 cm in 1 cm Breite wie eine Ziehharmonika falten, Anfang und Ende auffalten und nach der Vorlage zuschneiden. Wie Blatt P1 unten am Kreis anheften.

Schleifchen

❶ Aus dem Papier Rechtecke, ca. 10 x 12 cm, schneiden, diese in der Mitte mit einem Ring aus Wellpappe umkleben.

❷ Schleifchen senkrecht oder waagerecht auf Zwirn auffädeln. Dabei vor und hinter jeder Schleife eine Perle aufziehen. Damit diese nicht verrutscht und sie der Schleife Halt gibt, den Faden 2 – 3 x durch die Perle ziehen.

Material
◆ **Krepp-, Deko- oder glänzendes Geschenkpapier**
◆ **Wellpappe**
◆ **Zwirn**
◆ **kleine Perlen**

Vögel

Waagerechte Girlande

1 In der Länge des Fotokartons Streifen in 11 cm Breite schneiden und diese 13 cm breit wie eine Ziehharmonika falten. Das restliche Stück zum Ansetzen weiterer Teile verwenden.

2 Vorlage auf Pappe übertragen (vgl. Seite 5), diese Schablone so auf den gefalteten Kartonstreifen legen, daß die gestrichelten Linien (Bauch und Schwanz) an den Bruch stoßen.

3 Die Form ausschneiden, dabei nicht mehr als zwei Vögel gleichzeitig schneiden, denn der Fotokarton ist sehr fest.

4 Bei jedem 2. Vogel einen Schlitz – wie auf der Vorlage angegeben – schneiden, einen Streifen Geschenkpapier, ca. 8 x 24 cm groß, zuschneiden und zur Ziehharmonika falten. Diese durch den Schlitz stecken, auffächern und festkleben.

5 Für die Querflügel zwei 4,5 x 21 cm große Streifen schneiden, zur Ziehharmonika falten, auffächern und an jede Vogelseite (vgl. Markierung auf der Vorlage) kleben.

6 Augen und Tupfen mit Filzstift aufmalen oder aus Geschenkpapier geschnitten aufkleben.

7 Nylonfaden an den ersten und letzten Vogel zum Aufhängen knüpfen.

Senkrechte Girlande

1 Vogel- und Herzformen auf den Fotokarton übertragen (vgl. Seite 5), dabei die Farben nach eigenem Geschmack auswählen, Formen ausschneiden. Augen aufmalen oder aus Papier geschnitten aufkleben.

2 Herzen in die Einschnitte an den Vögeln stecken.

3 Großes und kleines Herz mit Nylonfaden miteinander verbinden, dabei oben eine Aufhängeschlaufe einknüpfen.

Vorlage Q

Material
◆ **Fotokarton in Hellblau**
◆ **Geschenkpapier**
◆ **Nylonfaden**

Vorlagen R1 – R4

Material
◆ **Fotokarton**
◆ **Nylonfaden**

29

Engel

Material
- Transparent-
  papier
- Ton- oder
  Buntpapier
- Zeichenpapier

❶ Für die Engelkleidchen Kreise mit 12 cm Durchmesser aus Transparentpapier zuschneiden.

❷ Die Kreise durch Falten vierteln und zwei gegenüberliegende Viertel noch einmal in 4 gleiche Teile falten, diese wie eine Ziehharmonika nach innen legen.

❸ Gesicht und Arme von der Vorlage auf rosa Tonpapier übertragen (vgl. Seite 5), ausschneiden; zwei Arme hängen dabei jeweils (nicht bei den Randengeln) mit Bruch aneinander.

❹ Kopf, Haare, Sternenkranz ebenfalls von der Vorlage auf Tonpapier übertragen, die Flügel auf dünnes Zeichenpapier pausen, alles ausschneiden und aufkleben.

❺ Die Arme bei zwei Engeln gleichzeitig in die hintere Kleidchenfalte kleben, Flügel auf der Rückseite ansetzen.

30

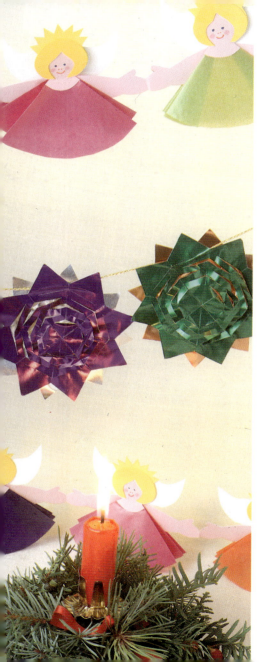

Sterne

❶ Jeder Stern besteht aus zwei Metall-folienquadraten, 10 x 10 cm groß. Quadrate falten: erst halbieren, dann vierteln und dieses Quadrat zu einem Dreieck halbieren, die offenen Kanten liegen übereinander.

❷ Dieses Dreieck – siehe Zeichnung – zu- und einschneiden.

❸ Die Sterne auffalten, am Steg zwischen den Zacken Klebstoff auftupfen und immer zwei Sterne versetzt zusammenkleben. Goldfaden mit einkleben.

❹ Nun bei jedem Stern einen Bauch nach hinten und vorn aufziehen, so daß der Stern dreidimensional, filigran und durchsichtig wird.

Material
- ◆ doppelseitige Metallfolie
- ◆ dünne Gold-kordel

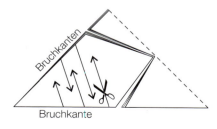

Bruchkanten

Bruchkante

31

9783419558003.4

Neben dieser Auswahl aus der Bri haben wir noch viele andere Bücher im Programm. Wir informieren Sie gerne - fordern Sie einfach unsere neuen Prospekte an:

- <u>Bücher für Ihre Kinder:</u> Basteln, Spielen und Lernen mit Kindern
- <u>Bücher für Ihre Hobbys:</u> Stoff und Seidenmalerei, Malen und Zeichnen, Keramik, Floristik
- <u>Bücher zum textilen Handarbeiten:</u> Sticken, Häkeln und Patchwork

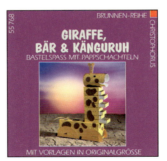

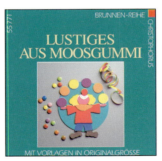

Wir sind für Sie da, wenn Sie Fragen zu AutorInnen, Anleitungen oder Materialien haben. Und wir interessieren uns für Ihre eigenen Ideen und Anregungen. Faxen, schreiben Sie oder rufen Sie uns an. Wir hören gerne von Ihnen! Ihr Christophorus-Verlag

CHRISTOPHORUS
Bücher mit Ideen

Hermann-Herder-Str. 4 / 79104 Freiburg i. Breisgau   Tel: 0761/2717-268 oder Fax: 0761/2717-352